# 53ᵉ EXPOSITION

DES

# Amis des Arts

DE

## Seine-&-Oise

1906

# SOCIÉTÉ DES AMIS DES ARTS

## DE SEINE-ET-OISE
## 53ᵉ EXPOSITION

---

# DESCRIPTION

DES

# ŒUVRES DE PEINTURE

### SCULPTURE, ARCHITECTURE, GRAVURE
### MINIATURE, DESSINS ET PASTELS

EXPOSÉES

## *DANS LES SALONS*

### DE L'HOTEL DE VILLE

DU DIMANCHE 1ᵉʳ AVRIL

AU 27 MAI 1906

---

## Prix : **50 centimes**

## VERSAILLES
## IMPRIMERIES CERF

59, RUE DUPLESSIS, 59

1906

SOCIÉTÉ DES AMIS DES ARTS DE SEINE-ET-OISE
(1906)

## COMPOSITION DU BUREAU

### Présidents d'honneur.

M. le Préfet de Seine-et-Oise.
M. le Maire de Versailles.

### Président titulaire.

M. BARBET, ✻, 53, avenue de Paris.

### Vice-Président.

M. RENAUD (Emile), ✠, ❀ I, aven. de St-Cloud, 77.

### Trésorier.

M. GATIN, ❀ I, rue Jacques-Boyceau, 13.

### Trésorier-adjoint.

M. MARQUIS, place Hoche, 7.

### Secrétaire.

M. LARRUE, ❀ I, rue Jacques-Boyceau, 11.

### Secrétaires-adjoints.

MM. DIDIER, ❀ A, rue Alexandre-Lange, 16.
MANGEANT, ❀ A, avenue de Paris, 104.

### Secrétaire général des Expositions.

M. BARBIER (Eugène), ❀ A, 51, rue Duplessis.

### Présidents honoraires.

MM. DEROISIN, ✻, ❀ A, rue des Chantiers, 77.
BARBIER (Maxime), 25, avenue de Paris.

### Trésorier honoraire.

M. BRETEUIL, ❀ A, place Hoche, 7.

## Membres de la Commission d'organisation
## pour 1906.

MM. BARBET, ✳, *président*,
BARBIER (Eugène), ⚜ A, *secrétaire général*,
G. BERTRAND, ⚜ A,
MAXIME BARBIER,
DIDIER, ⚜ A,
JONETTE, ✳, ⚜ I,
LARRUE, ⚜ A,
PRODHOMME, ⚜ A.
E. RENAUD, ✠,
G. RENAULT,
MANGEANT, ⚜ A.

# SOCIÉTÉ DES AMIS DES ARTS

## DE SEINE-ET-OISE

La **Société des Amis des Arts de Seine-et-Oise**
a pour but de favoriser le progrès des beaux-arts
dans le département, et d'en propager le goût par
des expositions publiques, par l'acquisition, à ces
expositions, des ouvrages les plus remarqués ; par
des manifestations et des publications artistiques,
et par tous les moyens qui lui sembleront les plus
propres à atteindre le but qu'elle se propose.

Les tableaux, sculptures, dessins, gravures et
objets d'art, achetés par la Société aux expositions
ci-dessous spécifiées, sont partagés par la voie du
sort entre ses membres, en assemblée générale.

La Société se compose de membres titulaires,
honoraires et correspondants.

Les titulaires s'engagent à payer une cotisation
annuelle de *dix francs* ; le paiement de cette cotisation donne droit à la remise d'un titre portant un
numéro qui participe au tirage au sort des lots ac-
quis par la Société.

Chaque sociétaire peut prendre, en outre de ce
premier titre, un ou plusieurs titres de même va-
leur, afin d'ajouter à ses chances pour le tirage au
sort.

L'admission dans la Société ne peut avoir lieu
que sur la présentation écrite de deux de ses

membres. Cette présentation devra être faite un mois au moins avant l'assemblée générale réglementaire.

Les ressources de la Société se composent principalement du montant des cotisations annuelles, des recettes des expositions, des subventions allouées par l'État, le département et les communes.

Les fonds de la Société sont employés :

1° A organiser des expositions publiques ;

2° A acquérir les tableaux, gravures, sculptures et autres objets d'art qui auront été choisis dans ces expositions ;

3° A donner à titre de récompense, et quand il y a lieu, des médailles ou autres marques d'encouragement aux artistes ;

4° A récompenser également, par des médailles ou autres marques d'encouragement, les instituteurs du département reconnus pour avoir fait pratiquer avec le plus de succès l'étude du dessin dans leurs écoles ;

5° A alimenter la caisse de secours fondée par la Société pour venir en aide à des artistes malheureux, à leurs veuves ou à leurs jeunes enfants.

# DESCRIPTION

### DES

# ŒUVRES EXPOSÉES

DU DIMANCHE 1er AVRIL AU 27 MAI 1906

DANS LES SALONS

DE L'HOTEL DE VILLE

---

## PEINTURE,
## OBJETS D'ART,
## DESSINS, PASTELS, AQUARELLES,
## MINIATURES, ÉMAUX,
## FAIENCES ET PORCELAINES,
## ARCHITECTURE, SCULPTURE.

**Abbema** (Louise), 47, rue Laffitte, Paris.
[P. M. H. méd. de bronze et d'argent
(E. U.). — V. Méd. d'arg.]

1 — Parisienne. (Peinture.)
2 — Fleurs. (Aquarelle.)

**Achenbach** (M<sup>lle</sup> Gabrielle), 7, rue Scheffer.
[V. 2º Méd. d'arg.]. (S<sup>re</sup>.)

3 — La Prière.
4 — Fillette tricotant.

**Achille-du-Cormier** (M<sup>lle</sup> Irma), 6, rue Duban, Paris-Passy (XVI<sup>e</sup>). (S<sup>re</sup>.)

5 — Coin de village breton (Morbihan.) (Peinture.)

**Adam-Manceau** (Clémence), 21, rue d'Edimbourg, Paris.

6 — Roses. (Aquarelle.)

**Alègre** (Maurice), au Palais de Versailles. [V. méd. d'arg.] (S<sup>re</sup>.)

7 — Le palais de Versailles effet de neige.
8 — Le parc du grand Trianon. (Pastels.)
9 — Modestie, buste en plâtre. (Sculpture.)

**Amell-Jorda** (Manuel), 17, rue de Marnes, Garches (S.-et-O.). [V. M. H.].

10 — La Cuisson (campagne de Catalogne).
11 — Peintre sous Louis XV. (Peintures.)

**Ancelme** (Narcisse), ✣, rue d'Argout, 7, Paris.

12 — Les Hautes Vosges à Gérardmer.
13 — Vieux chemin à Gérardmer. (Peintures.)

**Angerville** (Sem), 11, place Vintimille, Paris.

14 — Cour de l'ancien hôtel Samson. (Eau-forte originale.)
15 — La Garde-Malade. (Peinture.)

**Anglade** (Gaston) chez M. Léon Gérard, expert, 18, rue Drouot, Paris.

16 — Vallée de la Creuse. (Bruyères en fleurs.)
17 — Vallée de la Creuse. (Bruyères en fleurs.) (Peintures.)

**Aubergeon-Sauvanet** (Marie), 9 *bis*, rue du Sud, Versailles. (S^re.)

18 — Portrait de M^me F. B.
19 — Près Garancières (Paysage.) (Peintures.)

**Augé** (Mathilde) et **Vial** (Ely) M^lles, 5 *bis*, avenue de Paris. [V. 4° rappel de Méd. d'arg.]

20 — Vase paysage. — Bonbonnière. — Jardinière : les Marronniers. — Jardinière : les Gentianes. — Vasque : les Pavots. — Vase : Orchidées. — Vase : Narcisses. — Vase : Mimosas. — Vase : Crocus. (Emaux d'Art.)

**Bagot** (Abel), au Plessis-Gassot, par Ecouen. (Seine-et-Oise).

21 — Entrée du Port de Saint-Malo (matin). (Peinture.)

**Bagot** (J.-Ambroise), à Bazainville, par Houdan (Seine-et-Oise).

22 — En Sologne.
23 — Gerbe de blé. (Peintures.)

**Le Bail** (Louis), villa Champ-Fleuri, Ver-
neuil-sur-Seine (S.-et-O.), et chez MM.
Durand-Ruel et fils, 16, rue Laffitte, Paris.

24 — Etang dans la Mayenne.
25 — Grand bras de la Seine à Villennes (S.-et-O.).
(Peintures.)

**Bain** (Marcel), 18, rue de Saint-Pétersbourg,
Paris. [P. Méd. de 3e classe à la Société
des Artistes Français.]

26 — Le vieux jardinier.
27 — Soleil d'été. (Peintures.)

**Balleroy** (Marcel), à Saint-Michel-sur-Orge.
(S.-et-O.). [P. Méd. de bronze E. U. 1900.]

28 — Portrait de M^{lle} la vicomtesse de M. (Dessin.)
29 — Journée d'avril. (Peinture.)

**Bange** (M^{lle} Marie de), 29, rue des Marais,
Versailles. (S^{re}.)

30 — Portrait de M^{lle} D.
31 — Vieillard de l'hospice. (Étude.) (Peintures.)

**Bardon** (Jean), 111 *bis*, rue de Courcelles,
Paris.

32 — Ondine.
33 — Femme rousse. (Peintures.)

**Barillot** (Léon), 29 *bis*, rue Demours, Paris (XVIIᵉ). [P. ✳, Méd. d'or Ex. Univ. 1900.]

34 — Le chemin de Morsalines (Manche). (Peinture.)

**Bartholomé** (Marie), 233, faubourg Saint-Honoré, Paris.

35 — Pêches et raisins. (Pastel.)
36 — Giroflées jaunes. (Aquarelle.)

**Bayard** (Jules), 37, rue Notre-Dame-de-Lorette, Paris (IXᵉ).

37 — Nature morte.
38 — Nature morte. (Peintures.)

**Beaucerf** (Blanche), 26, rue des Réservoirs. [V. rappel de 2ᵉ Méd. d'arg.]

39 — Oranges sanguines. (Pastel.)

**Beck** (Mˡˡᵉ Suzanne), 23, boulevard de Latour-Maubourg, Paris (VIIᵒ).

40 — Coussin d'automobile. (Cuir incisé et patiné.)

**Belloc** (Georges), 52, rue de Vercingétorix Paris.

41 — Portrait de Marcel L. (Pastel.)

**Bellynck** (Emile), 25, rue du Montparnasse, Paris. [P. M. II. — V. 3ᵉ Méd. arg.]

42 — Le Parterre d'Eau à Versailles. (Soleil couchant.) (Peinture.)

**Belnet** (Georges), 179, avenue du Maine, à Paris. (Sʳᵉ.)

43 — Le Bassin de Bacchus, à Versailles. (Peinture.)
44 — Les Marmousets, à Versailles. (Aquarelle.)

**Benoit** (Suzanne), 27, rue Adam-Ledoux, Courbevoie (Seine).

45 — Plat décoration marine. (Art décoratif.)
46 — Colliers (joaillerie). (Art décoratif.) (Dessins industriels.)

**Benoit** (Léon), 21, rue de la Mairie, à Villeneuve-le-Roi (S.-et-O.). [P. M. II.]

47 — Les Groseilles (Peinture.)

**Bergerot-Roblastre** (Mᵐᵉ Louise), 39, rue Franklin. (Sʳᵉ.)

48 — Grenades et raisin. (Peinture.)

**Berthon** (Mme Marie), 54, boulevard de Vaugirard. [P. Méd. d'or au Palais du Travail de Paris.]

49 — Jeune femme.
50 — Profil de jeune femme. (Miniatures.)

**Bertier** (Charles), 32, avenue de Wagram, à Paris. [P. M. H. — V. Méd. d'arg. et rap.]

51 — Lac Merlat (Uriage-les-Bains).
52 — Laboureur matinal. (Peintures.)

**Besancenot - Raunier** (Mme Alphonsine), 18, Grande-Rue, à Sèvres.

53 — Compositions et Enluminures d'Ordinations. (Appartient à M. le chanoine F.) (Aquarelle.)

**Besnard** (Mlle Lucie), 1, avenue de Villeneuve-l'Etang, Versailles. [V. 3e Méd.]. (Sre.)

54 — La forêt en hiver.
55 — Chrysanthèmes. (Aquarelles.)

**Bienvêtu** (Gustave), 20, rue de la Fraternité, à Colombes (Seine). [V. rappel de 1re Méd.]

56 — Un goûter. (Peinture.)

**Blondin** (Léon), 39, allée de Saint-Cucufa, à Vaucresson (S.-et-O.). (S^re.)

57 — Paysage le matin (Garches). (Peinture.)

**Bogard** (Marthe), 22, avenue de Sceaux. (S^re.)

58 — Paysage.
59 — La Pensée. (Peintures.)

**Bohm** (Gustave), 16 *bis*, rue Mayet, Paris.

60 — Marché de poisson à Amsterdam.
61 — Vieilles femmes dans une maison de retraite. (Peintures.)

**Boigues** (M^lle Jeanne-Marie), 31, rue Poncelet, Paris. [V. M. II.]

62 — Yvonne et sa poupée.
63 — Jeune paysanne italienne. (Pastels.)

**Boisselet** (Louise), 2, rue des Huissiers, à Neuilly.

64 — Envoi de Nice. (Aquarelle.)

**Bonannici** (Louis), 21, rue Fontaine, à Paris.

65 — Coucher de soleil à Stanstadt (Suisse).
66 — Vue du Spanorth (Suisse). (Peintures.)

**Bonnat** (Léon), 48, rue de Bassano, Paris.

67 — Portrait. (Peinture.)

**Bonnefon** (M<sup>lle</sup> Madeleine de), 30, rue Cortambert, Paris.

68 — Grenades.
69 — Livre mimosa et violettes. (Aquarelles.)

**Boucher** (Paul-Emile), 15, rue Hégésippe-Moreau, Villa des Arts.

70 — Rue au Petit-Andely (Eure). (Peinture.)

**Bouchor** (Joseph-Félix), 21, rue du Vieux-Colombier, Paris. [P. H. C., ✳.]

71 — La Greffe-Freneuse.
72 — La Maison de Maria-Freneuse. (Pastels.)

**Bourgeois** (Edouard), 16, rue Hoche, Versailles. [V. M. II.] (S<sup>re</sup>.)

73 — Porche de l'Eglise de Guimilliau (Finistère).
74 — Le Coup de Soleil.
Le Clocher de Guimilliau (Finistère). (Aquarelles.)

**Bourguelle** (Edouard), 45, rue de la Bonne-Aventure, Versailles.

75 — Les chats au rouet. (Peinture.)

**Brispot** (Henri), 17, avenue Trudaine, Paris.
[P. H. C., ✳.]

76 — La bonnne prise. (Aquarelle.)

**Brunet** (Maurice), Mesnil-Saint-Denis (Seine-
et-Oise). [V. rappel 3ᵉ Méd.]

77 — Loguivy (4 paysages dans un seul cadre).
(Peinture.)
77 *bis* — Portrait de M. F...

**Brunini** (Ettore), 36, rue de l'Orangerie, Versailles. (Sʳᵉ.)

78 — Fleurs de Trianon. (Peinture.)
79 — Automne (Parc de Versailles). (Pastel.)

**Büchs** (Johnny), 2, passage de Dantzig, Paris (IVᵉ).

80 — Buste de l'acteur Bruno Decarli. (Buste plâtre.)
81 — Esquisse, musicien. (Plâtre bronzé.)

**Burdy** (Marguerite-Valentine), 6, rue Burcq.
[V. 1ʳᵉ Méd. d'arg.]

82 — Portrait de l'auteur.
83 — Page d'Amour. (Pastels.)

**Buret** (Florent), 55, rue du Cherche-Midi, Paris. [V. 2ᵉ Méd. d'arg.]

84 — Portrait de M. G. D. (Peinture.)

**Cabarrus** (Mˡˡᵉ Jénika), 129, avenue de Wagram, et 112, boulevard Malesherbes, Paris. [V. Méd. d'arg.] (Sʳᵉ.)

85 — Lecture. (Pastel.)
86 — Versailles (panneau décoratif pour dessus de porte). (Huile.)

**Cablet-Rinn** (Mˡˡᵉ Ernestine), 22, rue des Fossés-Saint-Jacques, Paris.

87 — Chrysanthèmes et violettes. (Aquarelle.)

**Carette** (Georges), 13, rue d'Offémont, Paris. [P., ✳.]

88 — Bords de la Seine à Freneuse. (Peinture.)

**Carolus-Duran**, 11, passage Stanislas, Paris.

89 — Femme et fleurs. (Peinture.)

**Caspers** (Mˡˡᵉ Pauline), 1, quai aux Fleurs, Paris.

90 — Coin de serre. (Peinture.)
91 — Roses et aubépine. (Dessin avec 3 crayons.)

**Cazamian** (Fany), 31, rue de Passy, Paris (XVI<sup>e</sup> arr.).

92 — Portrait de M<sup>lle</sup> Hareau.
93 — Etude d'enfant en rouge. (Peintures.)


**Ceribelli** (César), 26, rue des Tilleuls, Boulogne (Seine).

94 — Paul et Virginie. (Groupe marbre.)


**Chapon** (M<sup>lle</sup> Jane), 107, rue du Faubourg-Saint-Denis, Paris.

95 — Jésus au milieu des docteurs. (Dessin à la plume genre gravure; — cadre pyrogravé et peint.)
96 — Vitrine contenant : Thermomètre : « Enfants se chauffant ». — Couverture de livre. Sujet : « Notre-Dame-de-Bons-Conseils » (appartenant à M<sup>me</sup> la Supérieure des Sœurs Marie-Joseph). — Presse-buvard. Sujet : « Prose et poésie ». — Presse-buvard avec chimère en cuivre. — Projet pour porte-cigarettes : « Ecureuil ». — Projet pour éphéméride : « Soir d'été », d'après Sturm. (Cuirs d'art.)


**Charier-Wira** (Marie), 14, rue Maurepas, Versailles.

97 — Portrait de M. G. W. (Peinture.)

**Charlet** (Georges), 18, rue Chapon, Paris.
(S^re.)

98 — Etude de la Ferette. (Panneau peinture.)

**Charlet** (Georges), 57, rue de Dunkerque,
Paris (IX^e arr.). [V. 3^e M. d'arg.]

99 — Portrait de M. R. P. (Pastel.)

**Chartieau** (Louis), 6, rue Henri Heine, Paris.
(S^re.)

100 — Villeneuve-l'Etang le soir.
101 — L'automne à Saint-Cloud. (Peintures.)

**Charve** (Louis), 4, rue Delambre, Paris.

102 — Grisélidis.
103 — Environs de Charleville (Ardennes). (Peintures.)

**Chatellier** (Charles), 8, rue de Musset, Paris
(XVI^e arr.). [Méd. Exp. intern. du Travail,
Paris, 1903].

104 — Place de l'Eglise (La Roche-Maurice, Bretagne).
(Pastel.)

**Chevalier** (Madeleine Le), 16, rue du Parc-
Royal, Paris (III^e arr.).

105 — Faisan et perdrix. (Aquarelle.)

**Chigot** (Eugène), 9, rue de Bagneux, Paris.
[P. II. C. — V. Dipl. d'hon., ✳.]

106 — Le beffroi flamand. (Peinture )

**Choppin** (Paul), 68, rue d'Assas, Paris.
[P. 3ᵉ Méd.]

107 — Laveuse. (Statuette en biscuit.)

**Chrétien** (Mᵐᵉ Lucie), 27, boulevard de la
Chapelle, Paris. [V. M. II.]

108 — Une vitrine contenant : Femme au rouet — Portrait de Mˡˡᵉ Marguerite B. — Ophélie. (Miniatures.)

**Colin** (Paul), 1, quai Malaquais, à Paris.
[P. H. C.]

109 — La Mare. (Peinture.)

**Collas** (Mᵐᵉ Paule), 6, rue du Bellay, Paris
(IVᵉ arr.). [P. M. II. — V. M. II.]

110 — Normande raccommodant les filets. (Peinture.)
111 — Le Joueur de guitare, d'après Téniers. (Lithographie.)

**Collin** (Raphaël), 152, rue de Vaugirard, 6, impasse Ronsin, Paris. [P. Grand Prix E. U.
1889, H. C. — V. Dip. d'Hon.]

112 — Matinée de septembre. (Etang de Plessy-Picquet.)
(Peinture.)

**Contesenne-Masson** (Marie), 5, rue de Noailles, Versailles. [V. Rappel, 3ᵉ Médaille.] (Sʳᵉ.)

113 — Paysage « Les Bruyères ».
114 — Fleurs d'Hiver. (Peintures.)

**Contrault** (Emile-Théodore-Marie), 60, rue de Fontenay, à Vincennes. [V. Méd. d'arg.]

115 — Notre-Dame prise du pont d'Austerlitz.
116 — L'Estacade (effet du soir.) (Peintures.)

**Cormon** (Fernand), 159, rue de Rome, Paris.

117 — Etude. (Peinture.)

**Coupé** (Léopold), 4, quai de Suresnes, Suresnes (Seine).

118 — Joueur de boules breton. (Sculpture grès vitrifié.)
119 — Misère (original). (Sculpture terre cuite patinée.)

**Court** (Annie), 47, boulevard de la Reine, Versailles. (Sʳᵉ.)

120 — Portrait d'une paysanne. (Peinture.)
121 — Marines. (Aquarelle.)

**Cousin** (Mˡˡᵉ Adrienne), 33, rue Etienne-Marcel, Paris.

122 — Vision de Jeanne d'Arc. (Email translucide.)

**Daillion** (M^me Palma), 77, rue Denfert-Rochereau, Paris.

123 — Le Moulin Brigand (Creuse).
124 — La Cédelle (Creuse). (Peintures.)

**Dambrun** (M^lle Louise), 6, rue Nouvelle, Paris (IX^e).

125 — Vitrine contenant des cuirs repoussés, ciselés et
patinés. — Sac à main « Les coccinelles », —
Boîte à timbres. — Boîte pour trèfle. — Buvard « Cygnes ». — Porte-cartes « Plume de
paon ». — Porte-cartes « Fruits de platane ».

**Debains** (Robert), 34, rue de Maurepas, Versailles. (S^re.)

126 — Portrait de M^me D. (Peinture.)

**Delamarre** (Marcel), 52, faubourg St-Honoré,
Paris.

127 — Le Port (Calvaire).
128 — Mauvais temps (Cantes). (Peintures.)

**Delaporte** (Eugène), 77, rue de la Paroisse,
Versailles.

129 — Intérieur château de Versailles. (Peinture.)

**Delasalle** (Dominique), 111, Grande-Rue, Garches (Seine-et-Oise). (S^re.)

130 — Nature morte. (Aquarelle.)

**Délions** (M^lle Andrée), 32, quai des Célestins, Paris.

131 — Bouquetière.
132 — Rêverie. (Pastels.)

**Deloy** (Georges), avenue du Chemin de Fer, Avon-Fontainebleau.

133 — Port de pêcheurs.
134 — Vieille cour. (Peintures.)

**Delville** (Ferdinand), 28, rue de Paris à Mont-fort-l'Amaury (Seine-et-Oise).

135 — Portrait d'enfant.
136 — Plateau du Chêne Rogneux, près de Montfort-l'Amaury (Seine-et-Oise). (Peintures.)

**Demay** (Maurice), rue des Marais, 22, Versailles.

137 — Portrait du Général D. (Plaquette bronze.)
138 — Portrait de Madame H. M. (Plaquette plâtre patiné.)

**Déplanté-Voyst** (M^me B.), 41, rue de Neuilly,
à Clichy (Seine). [V. Rappel de 3^e Méd.].
(S^re.)

139 — Matinée (Clichy).(Exposition Nationale d'Orléans,
1905.) (Peinture.)

140 — Le Joueur de dominos (Exposition de Troyes,
1905.) (Dessin.)

**Déroulède** (Pierre - Paul - Roger), 73, rue
Claude-Bernard, Paris (V^e).

141 — Tête de jeune fille. (Sanguine.)

**Descoffre** (Léontine), 10, place Hoche, Versailles. (S^re.)

142 — Panneau décoratif. (Peinture.)
143 — Quatre paysages. (Aquarelle.)

**Desdouits** (M^lle Thérèse), 3, avenue de Saint-
Cloud, Versailles. [V. M. H.]

144 — Une vitrine : Une garniture de bureau en étain
repoussé et patiné. — Un ramasse-miettes
cuivre repoussé et patiné. — Une ceinture
cuir. — Un coffret cuir et cuivre. — Un porte-
cartes cuir repoussé.

**Deully** (Eugène), villa Rubens, 9, impasse du
Maine, Paris. [P. H. C. — V. Dipl. d'Hon.]

145 — L'ascenseur des Foutinettes à Arques. (Peinture.)
146 — Deux amies. (Dessin au crayon sanguine.)

**Dévé** (Emile), 54, boulevard Maillot, Neuilly-sur-Seine (Seine).

147 — Portrait de M. Georges Demartial. (Peinture.)
148 — Avant l'orage : falaises de St-Enogat. (Pastel.)

**Deville** (Pierre), 17, avenue de Villiers, Paris.

149 — Avant l'apéritif.
150 — La discussion (scènes humoristiques). (Peintures.)

**Didier** (Clovis), 16 rue Alexandre-Lange, Versailles. [V. Prix de salon H. C.] (S^re.)

151 — Sur l'herbe.
152 — En attendant. (Peintures.)

**Dorbec-Charvot** (M^me Henriette), 51, rue de Maubeuge, Paris. (S^re.)

153 — Etude. (Miniature.)

**Dubois** (Georges), 21, rue Carnot, Versailles.

154 — Versailles (la Terrasse le matin).
155 — Paysage (temps gris). (Peintures.)

**Dumini** (Eugène), 1, rue de l'Orangerie, Meudon (Seine-et-Oise). (S^re.)

156 — La couturière.
157 — Gibier. (Peinturés.)

**Duminy** (Berthe), 38, rue des Jeûneurs, Paris. (S^re.)

158 — Hortensias.
159 — Roses. (Aquarelles.)

**Dupont** (Joseph), 11, boulevard Central, Le Chesnay (S.-et-O.). (S^re.)

160 — Dans les feux du soir (Marine). (Aquarelle.)

**Duriez** (Marcelle), 94, avenue du Chemin-de-Fer, Rueil (Seine-et-Oise).

161 — Bourriche de pensées. (Aquarelle.)

**Duval** (Edouard), 17, rue des Chantiers. (S^re.)

162 — Sous bois des Gonards (environs de Versailles). (Peinture.)

**Duval** (Jacques), 4, rue Rigaud, Neuilly-sur-Seine. [V. M. II., 3^e Méd. d'arg.]

163 — L'automne au bord du Lac.
164 — Le soir sur les dunes. (Peintures.)
165 — Coussin brodé sur taffetas bleu.
166 — Coussin brodé sur toile. (Arts décoratifs broderie.)

**Duval** (Léon), 8, rue de l'Ermitage, Versailles. [V. M. H.]. (S^re.)

167 — Etude Cayeux-sur-Mer.
168 — Etude de giroflées. (Peintures.)

**Eckert** (Louis), 8, rue d'Angoulême, Versailles.

169 — Chaville, Etang des Ecrevisses. (Etude.)
170 — Quineville (Manche). (Etude.) (Peintures.)

**Faux-Froidure** (M^me Eugénie), 4, villa Niel, Paris (XVII^e). [P. 3^e Méd., V. Méd. d'arg.]

171 — Chrysanthèmes et Roses pâles.
172 — Bégonias bulbeux. (Aquarelles.)

**Fiault** (Geneviève), 14, rue Escudier, Boulogne-sur-Seine (Seine).

173 — Un coin de lande bretonne.
174 — Groupe de panneaux. (Peintures.)

**Fiel-Bury** (Marie), 60, avenue de Paris, à Versailles. (S^re.)

175 — Anémones.
176 — Oranges. (Peintures.)

**Flé** (Etienne), La Tuilerie-Bignon, par Saint-Nom-la-Bretèche (Seine-et-Oise). (S^re.)

177 — Objets divers : 1° Porte-musique, 2° Sac à main, 3° Porte-cartes, 4° Glace de table (Cuir repoussé. Etain repoussé et ciselé.)

**Follet** (René), rue des Martyrs, 66. (S^re.)

178 — Chemin des Laitières (Montmorency.)
179 — Bords de l'Oise (Auvers). (Peintures.)

**Fontaines** (André des), 47, rue Chabaudy, Niort.

180 — Bords de la Sèvre (temps gris).
181 — Bord de la Sèvre. (Peintures.)

**Forges** (Joseph), 30, avenue du Maine. [V. H. C.]

182 — Coucher de soleil à Trégastel.
182 *bis* — L'Etang d'Huelgoat. (Aquarelles.)

**Foucault** (Georges), 122, boulevard St-Germain, Paris. [P. M. H., — V. M. H.]

183 — Ferme de la plage St-Marc, à St-Quay (Bretagne). (Peinture.)

**Fourié** (Albert), 30, rue Eugène-Flachat, Paris (XVIIe). [P. Méd. d'or E. U. 1889, ✳. — V. Dipl. d'hon.]

184 — Le Soir. (Peinture.)
185 — Baigneuse. (Pastel.)

**Fournier** (Edmond), 24, rue Cassette, Paris. [P. M. H.]

186 — Automne à Trianon.
187 — Versailles. (Peintures.)

**Friant** (Emile), 11, boulevard de Clichy, Paris.

190 — Toilette rustique. (Peinture sous verre.)

**Gagliardini** (Gustave), 12, boulevard de Clichy, Paris. [P. H. C. — V. Dipl. d'honn.]

191 — Paysage. (Peinture.)

**Galante** (Henry), 59 *bis*, avenue de Saint-Gervais, à Blois (Loir-et-Cher).

192 — Bords du Cosson à Vineuil (Loir-et-Cher). (Peinture.)

**Galerne** (Prosper), rue de Melun, à La Ferté-Alais.

192 *bis* — Dans le marais à Itteville. (Peinture.)

**Gallaud** (M^lle Marie), 136 *bis*, avenue de Neuilly-sur-Seine (Seine).

193 — Gazette villageoise (plâtre pétrifié). (Sculpture.)

**Garnier** (M^lle Angélina), 95, boulevard Beaumarchais, Paris.

194 — Dessin à la plume, Plafond. (Dessin.)
195 — Eventail dentelles Renaissance et médaillons. (Aquarelle.)

**Garnot-Beaupère** (M^me Marguerite), 157, rue de l'Université, Paris. [P. M. H. — V M. H.]

196 — La Cardeuse. (Peinture.)

**Gasté** (Georges), 56, rue Saint-Placide, Paris. [P. Méd. 3ᵉ cl. — V. 1ʳᵉ Méd. d'arg.]

197 — Cheikh Abd'al Salam (Chiraze) Iran.
198 — Terrasses de Bou-Saada (Algérie). (Peintures.)

**Gébleux** (Léonard), 2, rue Brancas, à Sèvres (Seine-et-Oise). [P. Méd. or, E. U. — V. M. H.]

199 — Lisière du bois à Angicourt.
200 — Pommiers dans l'Oise. (Peintures.)

**Geoffroy** (Géo) (Jean), 7, rue des Lilas, Paris-Belleville. [P. H. C. Méd. d'or E. U. — V. Dipl. d'hon.]

201 — Les petites Chattes.
202 — Tête d'étude. (Aquarelles.)
203 — L'Envie.
204 — Fidélité. (Gravures en couleurs.)

**Georges-Bertrand**, 48, avenue de Villeneuve-l'Etang, à Versailles. [P. H. C. — V. H. C.] (Sʳᵉ.)

205 — Portrait de M. le baron R... (Peinture.)

**Gérard-Bellair** (Louise), 33, rue de Coulmiers, Paris (XIVᵉ). [P. M. H.] — V. 2ᵉ méd. d'arg.]

206 — Paysage et animaux, d'après Troyon. (Lithographie.)

**Germain** (Suzanne), rue de Vaugirard, 41,
   Paris (VI<sup>e</sup>).

207 — Printemps.
208 — Tulipes perroquet. (Aquarelles.)

**Gésincourt** (Edouard de), 45, rue Albert-Joly,
   à Versailles.

208 *bis* — Etang de Saint-Cucufa.
208 *ter* — Etang des Ecrevisses. (Peintures.)

**Gibert** (Jean-Amédée), 4, rue du Faubourg-
   du-Temple, Paris. [P. Prix de Rome.]

209 — Bosco, Villa Médicis (Rome).
210 — Un quai à Chioggia (Italie). (Peintures.)

**Gibert** (Louise), 55, avenue Victor-Hugo,
   Paris.

210 *bis* — Œillets. (Peinture.)

**Giblat** (Marguerite), 34, rue du Cherche-Midi,
   Paris. [V. M. H.] (S<sup>re</sup>.)

211 — Chrysanthèmes (impression dans une serre).
212 — Roses au bord de l'eau. (Aquarelles.)

**Girardet** (Paul), 26, boulevard Inkermann
   Neuilly-sur-Seine (Seine).

213 — L'entrée des Petites-Dalles.
214 — Vallée des Petites-Dalles. (Peintures.)

**Girardier** (M^lle^ Jeanne), 26, rue Cardinet, Paris. [V. Méd. d'arg.] (S^re^.)

215 — Vitrine : deux miniatures. — Mélancolie, d'après Lagrenée. — Moïse sauvé des eaux, d'après Poussin.

**Girod** (M^lle^ Marthe), 47, rue Denfert-Rochereau, Paris. [V. M. II.]

216 — Vitrine contenant cinq cuirs d'art : Buvard « Varech ». — Livre « Nouveau-Testament ». — Ceinture « Pervenches ». — Porte-cartes « Girafes ». — Porte-cartes « Chardons ».

217 — Vitrine contenant deux cuirs d'art : Projet de reliure. — Une liseuse « Pavots ».

**Godard** (Isabelle), 48, rue du Louvre, Viroflay.

218 — Plateau en porcelaine. (Peinture sur porcelaine.)

**Gonyn** (Louis), 15, Grande-Rue, à Vaucresson.

218 *bis* — Tête d'étude. (Peinture.)

218 *ter* — Marine (Rouen). (Aquarelle.)

**Gounin** (Henri), 62, boulevard du Montparnasse, Paris. [P. M. II., Méd. d'arg. E. U. 1900. — V. Dipl. d'hon.]

219 — Un coin de Villiers-le-Morhier (Eure-et-Loir). (Peinture.)

**Goury** (Juliette), 53, rue Cardinet, Paris (XVII^e^).

220 — Roses et Boules de neige.

221 — Chrysanthèmes. (Aquarelles.)

**Granger** (Geneviève), 22, rue Denfert-Rochereau, Paris. [P. 3° Méd. — V. Méd. d'arg.]

222 — Femme et enfant. (Pastel.)


**Gruyer** (M^lle Gabrielle), 61, rue Nollet, Paris.

223 — Dans la forêt. (Aquarelle.)


**Guermont** (Eugène), 21, rue d'Angoulême,
Paris. [V. M. H.]

224 — Le Vieux-Port (Soleil couchant). (Peinture.)


**Guichard** (Louise), 3, rue des Perchamps,
Paris. [P. M. H.]

225 — Un cadre contenant quatre cuirs d'art : un buvard,
deux porte-cartes, un livre.
226 — Bateau de pêche, Dieppe, d'après F. Flameng.
(Gravure eau-forte.)


**Guignard** (Gaston), 25, boulevard Berthier,
Paris. [P. H. C., ✳. — V. Grand Prix du
Ministère des Beaux-Arts, 1905 ]

227 — Dunes près de Boulogne. (Aquarelle.)
228 — Rentrée du troupeau, soleil couchant. (Pastel.)

**Guilloux** (Albert), rue Denfert-Rochereau, 77, Paris. [P. Prix du Salon 1903.]

229 — Portrait de Mlle Zoé Barbet. (Buste marbre.)
230 — Un coffret gothique en bois, avec ornements en ivoire, ferrures forgées, surmonté d'un buste en marbre.

**Guilmant** (Félix), 10, chemin de la Station, à Meudon (Seine-et-Oise). (S{re}.)

231 — Portrait de ma mère.
232 — Nature morte. (Peintures.)

**Hain** (Mlle Marguerite), 55, rue Bouquet, Rouen. [P. Méd. bronze et argent. — V. 3e Méd. d'arg.]

233 — Corbeille de rhododendrons. (Peinture.)

**Haranger** (Ludovic), 25, rue Henri-Regnault.

234 — Bassin de Neptune. (Lithographie.)

**Henschl** (Hugo), 8 *bis*, rue Falguière, Paris. [V. M. II.]

235 — Portrait du grand virtuose de violine Adolph Schuhmacher.
236 — Temps de pluie. (Peintures.)

**Hilpert** (Jacques), 32, rue de Vaugirard, Paris (VIe).

237 — Aux manœuvres (artillerie à cheval).
238 — Maréchal des logis de spahis. (Aquarelles.)

**Hista** (Louis), 18, rue de Chabrol, Paris. [P. Méd. d'or Exp. Univ. 1900.] (Sre.)

239 — La côte d'azur, suite de 9 aquarelles (1 cadre).
240 — La Manneporte et l'Aiguille (Etretat). (Aquarelles.)

**Huber** (Léon), 15, rue Cauchois. [P. M. II. — V. Dipl. d'hon.] (Sre.)

241 — Jeunes chats et Cuivre : Cache-Cache.
242 — Jeunes chats (surprise). (Peintures.)

**Hueber** (Félix), 40, boulevard du Roi, Versailles. (Sre.)

243 — Derniers jours d'été (paysage). (Peinture.)

**Humberdot** (Suzanne), palais de Trianon. (Sre.)

244 — Pot au feu (nature morte). (Peinture.)
245 — Henri IV chez le meunier Michaut, d'après une tapisserie du château de Pau. (Aquarelle.)

**Isbert** (M^me Camille), 37, avenue de Villiers, Paris.

248 — Une planche 6 miniatures : Marie-Antoinette. — Vierge. — Marquis. — Vénus et l'Amour. — Finette. — Char Empire. (Miniatures.)
249 — Le petit Chaperon rouge. (Peinture.)

**Jacquot** (Jean-Baptiste), Valmondois (S.-et-O., route du Port-aux-Loups. (S^ro.)

250 — Les Causses de Lozère. (Peinture.)

**Jamet** (Henri), 60, boulevard de Clichy. [P. Méd. bronze Exp. 1900.]

251 — Intérieur berrichon. (Peinture.)
252 — Au balcon. (Dessin rehaussé de pastel.)

**Jeanson** (Marguerite), 45, rue Monge, Paris. (S^re.)

253 — Une boîte contenant : Portrait. — Tête d'homme. (Miniatures.)

**Jouclard** (Adrienne), Grandes-Ecuries, Versailles. [P. M. H.]

254 — Portrait. (Miniature.)

**Jungfleisch Aboilard** (Marguerite), 74, rue du Cherche-Midi, Paris. [V. M. II.] (Sʳᵉ.)

254 *bis* — Raisins.
254 *ter* — Pêches au sucre. (Peintures.)

**Kahn** (Max), 25, boulevard de Clichy [P. M. H. — V. 2ᵉ Méd. arg.]

255 — Travail délicat. (Peinture.)

**Prince Karageorgewitch** (Bogidar), 42, avenue de Villeneuve-l'Etang, Versailles. [V. 3ᵉ Méd.]

256 — Une vitrine contenant : 2 peignes, corne et vermeil, 1 paire de boutons de manchettes, améthyste et or, 2 boucles de ceinture, vermeil, 1 pendentif, or et pierres.

**Kiréevsky** (Etienne), 65, avenue Marceau, Paris (XVIᵉ). [P. ❀ I, E. U. 1900. — V. 3ᵉ Méd. d'arg.] (Sʳᵒ.)

257 — Portrait de Mᵐᵉ G...
258 — Béatrice. (Peintures.)

**Koechlin** (Mᵐᵉ Bertha), 8 *bis*, chaussée de la Muette, Paris. (Sʳᵉ.)

259 — Lilas. (Peinture.)

**Koechlin** (Daniel), 8 *bis*, chaussée de la Muette, Paris (XVI°). [V. Dipl. d'hon.) (S^re.)

260 — Clair de lune à marée basse. (Peinture.)

**Kurkdjan** (Léon), 2, passage Dantzig, Paris-Vaugirard. [V. M. H.]

261 — Portrait d'homme.
262 — Le Crépuscule. (Peintures.)

**Labadie-Lagrave** (M^lle Berthe), 8, avenue Montaigne, Paris. (S^re.)

263 — Anciennes Tanneries de Nérac (Lot-et-Garonne.) (Peinture.)

**La Barre-Duparcq** (Léon de), 11, rue Jouffroy, Paris (XVII°). [V. 3° Méd. d'arg.] (S^re.)

264 — Le Birlo (Ile de Bichat).
265 — Etude. (Peintures.)

**Labbé-Serveille** (Blanche), 39, rue de Rivoli, Paris.

266 — Une vieille. (Pastel.)

**Lacombe** (Georges), 42, avenue Villeneuve-l'Étang, Versailles. [V. M. H.]

267 — Futaie de Hêtres.
268 — Soleil d'Automne. (Sous bois.) (Peintures.)

**Lafarge-Charma** (M^me Georgette), 28, rue des Petits-Champs, Paris.

269 — Aubépine et cytise. (Panneau décoratif.) (Aquarelle.)
270 — Chardons. (Coupe faïence.)


**Lambert** (Jacques), 195, rue de Vaugirard, Paris. [V. M. II.]

271 — Le Sonneur de biniou. (Peinture.)


**Lambert** (Marcel), au Palais de Versailles. [P. M. H. — V. Prix du Salon 1905.] (S^re.)

272 — Caïn tue Abel. (Le premier fratricide.) (Groupe plâtre, modèle-esquisse au 2/3 de l'exécution.)


**Lamy** (M^lle Aline), 102, rue de Maubeuge, à Paris. [V. 2^e Méd. arg.] (S^re.)

273 — M^lle Noémie D. (Portrait.)
274 — Lis. (Après l'orage.) (Pastels.)


**Landau** (M^lle Emilie), 33, rue Victor-Massé, à Paris.

275 — Trottin.
276 — Portrait de M^lle Phyllis C. (Pastels.)

**Landré** (M^lle Louise-Amélie), 233, faubourg
Saint-Honoré, Paris. [V. 2e Méd.]

277 — Heure mélancolique.
278 — Pour faire des confitures. (Peintures.)


**Langevin** (M^lle Jeanne), 62, boulevard de
Clichy, Paris. [P. M. II.]

279 — L'Automne à Versailles.
280 — Porte de vieux palais (Venise).


**Larrue** (Guillaume), 11, rue Jacques-Boyceau,
Versailles. [P. Méd. bronze E. U. 1900,
associé de la S. N. des B.-A. — V. prix
du Salon.]

281 — L'escalier de la Reine.
282 — Le premier déjeuner. (Peintures.


**Lathière** (Alice), 24, rue Durantin.

283 — Etude d'enfant. (Miniature.)


**Laurent** (M^lle Blanche), 233, rue du faubourg
Saint-Honoré, Paris. [P. M. II.]

284 — Fleur des Tropiques. (Buste terre cuite patinée.)
285 — Devant guignol. (Petit groupe terre cuite patinée.)

**Leblanc** (Marie), 2, rue Edgard-Quinet, Grand-
Montrouge.

286 — Panneau d'Iris. (Aquarelle.)
287 — Midi dans la prairie, d'après Rosa Bonheur.
(Faïence grand feu.)

**Le Blé-Delalande** (M^me Marie-Thérèse), 105, rue
Notre-Dame-des-Champs, Paris. [V. M. H.]
(S^re.)

288 — Roses et Pensées. (Peinture.)

**Lecocq** (M^lle Henriette), 7, rue Michelet, Paris.
[P. M. II. E. U. 1900, ✿ A. — V. Méd. arg.]

289 — St-Jean-de-Luz. (Eau-forte.)

**Lejeune** (Jeanne), 3, rue Royale. (S^re.)

290 — Un éventail.
291 — Un paysage. (Aquarelles.)

**Ledoux** (M^lle Blanche), 135, boulevard Magenta, Paris. [V. M. H.] (S^re.)

292 — Etude de pêcheur breton. (Aquarelle.)

**Le Floch** (Félix), 30, rue de Grenelle, Paris.

293 — Les Hêtres sous bois.
294 — La Roche tremblante Huëlgoat.

**Legeard** (Gustave), 58, avenue de Paris, Versailles. (S^re.)

295 — Portrait de mon père. (Peinture.)

**Lenoir** (Pierre), 14, avenue du Maine, Paris. [P. 3^e Méd. — V. 3^e Méd.]

296 — Cadre de médailles contenant : 1. Bucolique (terre cuite). — 2. Enfance de Bacchus. — 3. Jean Macé. — 4. Pasteur. — 5. Portrait de femme. — 6. Chien. — 7. Chèvre. — 8. Vieille Bretonne. — Vanneuses (bronzes). (Gravure en médailles.)

**Leroux** (Victor), 29, rue de Versailles, à Ville-d'Avray. (S^re.)

297 — Cadre en marbre onyx d'Algérie.

**Le Roy** (Henri), 30, avenue de Villeneuve-l'Etang, Versailles. [V. Méd.] (S^re.)

298 — Plage d'Urville (Manche).
299 — Etude de vague (Manche). (Peintures.)

**Le Royer** (Léon), 14, rue Saint-Faron, Meaux (Seine-et-Marne). [V. M. H.]

300 — La Mare aux Mésanges à Crégy (S.-et-M.) (Peinture.)

**Lessertisseux** (Maurice), 160, boulevard
Montparnasse, Paris (XIV°). [P. M. H.]

301 — Effet du matin (La Ferté-Alais).
302 — Les « Meules » (La Ferté-Alais). (Peintures.)

**Léty** (Hippolyte), 7, rue Belloni.

303 — Les bords du Rhône à Vienne (Isère).
304 — La vieille rue Saint-Médard, Paris. (Peintures.)

**Leyendecker** (Paul-Joseph), 6, rue Mansart,
Versailles. [V. rappel de Méd. d'arg.] (S^re.)

305 — Faisan et grive (nature morte).
306 — Pic vert (nature morte). (Peintures.)

**Libaudière** (Charles-Marie), 31, avenue des
Ecoles, Vitry-sur-Seine. (S^re.)

307 — La Roche-Ronde à Biarritz (Hautes-Pyrénées).
(Peinture.)

**Lobjoy** (René), 107, boulevard de la Reine,
Versailles.

308 — Fleurs. (Aquarelle.)

**De Loghadès** (M^me Léonie), 137, boulevard
Haussmann, Paris. [P. Méd. bronze E. U·
1900. — V. Prix du Salon.] (S^re.)

309 — Type de femme russe au XVII^e siècle. (Pastel.)

**Loiseau** (M<sup>me</sup> Marie-Madeleine), 5, rue Morère, Paris. [V. 1<sup>re</sup> Méd.] (S<sup>re</sup>.)

310 — Les bords du Loing. (Peinture.)

**Louppe** (M<sup>lle</sup> Léonie), 16 *ter*, rue des Jardins-Renard, à Sannois (Seine-et-Oise). (S<sup>re</sup>.)

311 — Lilas et boutons d'or.
312 — Pommes. (Peintures.)

**Louppe** (M<sup>lle</sup> Lucie), 17, rue de La Rochefoucauld, Paris. [V. rappel 3<sup>e</sup> Méd. d'arg.]

313 — Bleuets et boutons d'or. (Aquarelle.)

**Mahler** (Paul), 19, rue Denis-Gogue, Clamart (Seine). [V. M. H.]

314 — Setter écossais à l'arrêt. (Peinture.)

**Malfilâtre** (M<sup>me</sup> Lucy), 22, rue de Staël, Paris (XV<sup>e</sup>). [V. 2 Méd.]

315 — Paysage. (Peinture.)
316 — Pont sur la Marne. (Aquarelle.)

**Manceaux** (Louis), rue Achille-Lérouy, 2, Beauvais (Oise). [P. M. II.]

317 — L'incendie.
318 — Le cellier des moines.

**Manesse** (M^me Marie-Thérèse), 122, rue du Bac, Paris. [V. M. H.]

319 — Coin d'atelier. (Peinture.)

**Mangeant** (Paul-Emile), 102 *bis*, avenue de Paris, Versailles. [Membre Soc. N. des B.-A., V. H. C.] (S^re.)

320 — La Mort de Lamennais (tableau exécuté d'après des documents officiels inédits). (Peinture.)
321 — Une vitrine objets d'art.

**Marchal** (Achille-Gaston), 68, rue Rochechouart, Paris. [V. Méd. d'arg.]

322 — Trilport matin.
323 — Trilport soir. (Peintures.)

**Maréchal** (Paul), 13, rue Victor-Massé, Paris.

324 — Les falaises de Fécamp (Seine-Inférieure).
325 — Le Calvaire de Criquebeuf (Seine-Inférieure). (Peintures.)

**Marin** (Emile), 83, rue du Cherche-Midi, Paris.

326 — Nature morte. (Peinture.)

**Maroniez** (Georges), 36, boulevard Faidherbe, Cambrai. [P. 3ᶜ Méd.]

327 — Verrotiers à marée basse.
328 — Marine. — Effet de lune. (Peintures.)


**Martin** (Ernest), 3, rue de Limoges, Versailles.

329 — Granville. La vieille ville.
330 — Le Vieux port à Amiens. (Peintures.)


**Martin** (Victor), aux Sablons, par Moret (Seine-et-Marne). (Sᵗᵒ.)

331 — Le matin à Moret.
332 — La Juine à Saclas (Seine-et-Oise). (Peintures.)


**Martinet** (Mˡˡᵉ Marguerite), 29, rue du Château-d'Eau, Paris. [V. Méd. d'arg.]

333 — Etude. (Miniature.)


**Martinez** (Fernando), 5, avenue de St-Cloud (Sʳᵉ.)

334 — Les Bords de la Loire. (Peinture-paysage.)
335 — Objets d'art du XVIᵉ siècle. (Peinture-nature morte.)

**Martrès** (Henri), 17, rue Sainte-Adélaïde, à
Versailles. (S<sup>re</sup>.)

336 — Médaillons bas-reliefs portraits de MM. Auguste
Minssen et Léon Ottenheim. (Sculptures-bronze.)

**Mascart** (Gustave), 53, boulevard Bineau, à
Neuilly-sur-Seine. [V. I<sup>re</sup> Méd. d'arg.] (S<sup>re</sup>.)

337 — Vue prise à Rotterdam.
338 — Vue prise à Rotterdam. (Peintures.)

**Massardier** (Louise), 27, rue de Fontenay, à
Vincennes. (S<sup>re</sup>.)

339 — Le Faisan. (Peinture.)
340 — Un pot de Cyclamens. (Aquarelle.)

**Massin** (Louis), 95, rue de Vaugirard, Paris.

341 — Attaque de nuit (Scène de la guerre de Vendée).
(Peinture.)

**Masson** (Étienne), 1, place des Tribunaux.
[V. 3<sup>c</sup> Méd. d'arg.] (S<sup>re</sup>.)

342 — Au Mourillon près Toulon.
343 — A. Trégana, rade de Brest. (Aquarelles.)

**Masson** (Henri), 54, rue Louis Blanc, Paris.
[V. M. H.]

344 — Chemin de Morsalines (par la baie). (Peinture.)

**Matrod-Desmurs** (M^me^ Berthe), 46, rue Laffitte, Paris, et 30, rue du Vieux-Versailles, Versailles. [P. M. V. — V. rappel de 2^e^ Méd. d'arg.] (S^re^.)

345 — Vitrine contenant : Miniature sur ivoire, « La fillette à l'éventail ».

**Maxence** (Edgard), 71 *bis*, rue de Vaugirard, Paris. [P. H. C. Méd. d'or, E. U. 1900, ✻. — V. M. II.]

346 — Tête de jeune fille. (Dessin.)

**Mazard** (Alphonse), 117, rue Notre-Dame-des-Champs, Paris. [V. diverses.]

347 — Soir.
348 — Le Puits. (Peintures.)

**Menneret** (Charles), 52, rue de Chabrol, Paris.

349 — Des hauteurs de Meudon.
350 — Un ruisseau au Bois de Boulogne. (Peintures.)

**Merlin** (Marguerite), 6, boulevard de la Croisette.

351 — Guirlande de Roses. (Aquarelle.)

**Meunier** (René-Victor), 59, rue Lepic, Paris.

352 — Coup de vent avant la pluie. (Peinture.)
353 — Le gas Belhomme. Mahéru (Orne). (Aquarelle.)

**Meyer** (Charles-Louis), 18, rue de l'Orangerie, Versailles. [V. 3ᶜ Méd. d'arg.]

354 — Les âmes pures.
355 — Esquisse. (Peintures.)

**Meyer** (Maurice), 41, quai de Bourbon, Paris. (IVᵉ), jusqu'au 15 avril, et ensuite 44, rue Carnot, à Versailles. (Sʳᵉ.)

356 — Trianon dans les lilas.
357 — A Trianon. L'Orangerie en fleurs. (Peintures.)

**Mignot** (Lucie), 46, rue de Dunkerque, Paris.

358 — Une vitrine contenant deux miniatures : Jeune fille aux géraniums. — Hollandaise.

**Minoggio** (Mˡˡᵉ Ysabel), 40, rue de Pontoise, à Argenteuil. (Sʳᵉ.)

359 — Pivoines.
360 — Hépatiques et vieux papiers. (Aquarelles.)

**Moinot** (Paul), 54, avenue de Saint-Cloud.

361 — Alphonse XIII à Versailles.
362 — Chevaux au labour. (Peintures.)

4

**Monjauze** (Alfred), 51, rue La Condamine, Paris. [P. M. H.] (Sre.)

363 — Versailles. Sur la terrasse de la petite Orangerie.
364 — Trianon. Etude. (Aquarelles.)

**Montézin** (Pierre), 42, boulevard Magenta.

365 — Coin de jardin. (Gouache.)

**Morinière** (Stanislas), quai du Canal, Saint-Amand-Mont-Rond (Cher).

366 — Portrait d'un Berrichon. (Peinture.)

**Morisot** (Henriette), 71, rue de Chabrol [P. M. H. — V. Dipl. d'Hon.]

367 — Portrait de M$^{me}$...
368 — Quai du Rosaire. Bruges. (Peintures.)

**Moussy** (M$^{lle}$ Léonie), 5, rue Hippolyte-Lebas, Paris (IX$^e$).

369 — Cueillette de roses. (Peinture.)

**Munier** (Jules-Louis), avenue de Saint-Cucufa, villa « Le Roselier », Vaucresson (Seine-et-Oise). (Sre.)

370 — Salle à manger.
371 — Un coin de jardin. (Peintures.)

**Muselier** (Amédée), 11, rue de Saint-Simon, Paris (VII<sup>e</sup>).

372 — Paysage à Mers.
373 — La rivière morte à la brume. (Peintures.)

**Nawrocki** (Boleslas), 65, boulevard Arago, Paris.

374 — Dormeuse.
375 — Vue de Rome : Place du Peuple. (Peintures.)

**Nolhac** (Henri de), Château de Versailles.

375 *bis* — Portrait. (Peinture.)

**Nozal** (Alexandre), 7, quai de Passy, Paris. [P. H. C. — V. Diplôme d'hon.]

376 — Vallée de l'Eure en mai près Acquignie. (Peinture.)

**O'Rorke** (Pauline), 36, rue Desrenaudes, Paris (XVII<sup>e</sup>).

377 — Nature morte.
378 — Paysanne de Kerlaz. (Peintures.)

**Ortiou** (Paul), 86, boulevard des Batignolles, Paris. [V. M. H.] (S<sup>re</sup>.)

379 — Le cerf-volant.
380 — Soleil du soir, à Ecquevilly. (Peintures.)

**Ottin** (Léon), 29, boulevard Pereire, Paris. [P. M. H.]

381 — Le pavillon Français au petit Trianon. (Peinture.)

**Oury** (Thérèse), 12, rue de Chèvres, Chartres (Eure-et-Loir). (S$^{re}$.)

382 — Armures xvi$^e$ siècle.
383 — Un coin de ma salle à manger. (Peintures.)

**Paget** (Aline), 43, rue Molière, à Montreuil-sous-Bois (Seine). [V. M. H.] (S$^{re}$.)

384 — Cyclamens. (Aquarelle.)

**Palade-Bonnal** (Félicie), 10, rue Saint-Antoine, Paris. [V. M. H.]

385 — Mélodie. (Pastel.)
386 — Bretonne au fuseau. (Peinture.)

**Pallandre** (Albert), 5 *bis*, rue Sainte-Sophie, Versailles. [V. rappel de 2$^e$ méd.] (S$^{re}$.)

387 — Rose trémière. (Peinture.)

**Pallandre** (M$^{me}$ Georgina), 43, rue d'Angiviller, à Versailles.

388 — Portrait de M$^{me}$ D...
389 — Portrait (étude). (Miniatures.)

**Pallandre-Gambon** (M^me Jeanne), 5 *bis*, rue
Sainte-Sophie, Versailles. [V. rappel de
3e Méd.](Sre.)

390 — Portrait. (Miniature.)

**Pallandre** (Lucien), 43, rue d'Angiviller, à
Versailles. [V. rappel de 2e Méd.] (Sre.)

391 — L'Auvergne (études paysages). (Aquarelle.)
392 — Château-Rocher (Auvergne). (Peinture.)

**Pêche** (Alexandre), 9, impasse de l'Astrolabe
donnant 119, rue de Vaugirard, Paris (XVe).
[P. M. H. — V. H. C. Prix du Salon.]

393 — Coupe-papier « Nuit ».—Plat rond « Le Sommeil ».
Coupe papier. — Cendrier. — Masque. —
Cendrier. — Plumier. — Plateau iris cendrier.
— Plateau triangle. — Coquille (moule) cen-
drier.

**Pêche** (Cécile), 9, impasse de l'Astrolabe,
119, rue de Vaugirard, Paris (XVe).

394 — Brouillard du matin. (Peinture.)

**Pelletier** (M^me Juliette), 30, boulevard du
Temple, Paris.

395 — Portrait de jeune femme.
396 — Un vieux. (Miniatures.)

**Petit** (Robert), 2, avenue de Versailles, à Viroflay. [V. M. H.] (S^re.)

397 — Grande côte à Pornic.
398 — Sentier des Douaniers, à Rothéneuf. (Peintures.)


**Peyron** (M^lle Valérie), 64, boulevard Saint-Michel, Paris. [3° Méd. d'arg.] (S^re.)

399 — Vitrine : 3 vol. : Vie militaire et religieuse. —
Livre d'heures. — Hamlet. (Reliures). —
Liseuse. — Porte-monnaie officier. — Porte-cigares. (Cuirs ciselés.)


**Peytel** (M^me Adrienne), 33, rue des Dames, Paris. [P. M. II. — V. 2° Méd. d'arg.] (S^re.)

400 — Nature morte (artichauts).
401 — Nature morte (écrevisses). (Peintures.)


**Philippar-Quinet** (M^me Jeanne), villa des Arts, 15, rue Hégésippe-Moreau, Paris. [P. 2^c Méd. — V. rappel Méd. d'arg.]

402 — Une tisseuse.
403 — Une fileuse. (Pastels.)


**Pichard** (Louise), 96, avenue des Ternes, à Paris.

404 — Chrysanthèmes jaunes. (Peinture.)

**Pinat** (M^lle Madeleine), St-Germain-lez-Corbeil (Seine-et-Oise).

405 — Soleils. (Aquarelle.)

**Piton-Guitel** (M^me Flore), 12, rue Greuze, à Paris.

406 — Glycines et Boutons d'or.
407 — Verveines et vieux lierres. (Aquarelles.)

**Plument** (Paul de), 24 *bis*, rue Bois-le-Vent, Paris (XVI^e). [V. 2^e Méd.]

408 — Intérieur d'atelier. (Peinture.)

**Pluzanska** (M^lle Elisabeth), 25, rue Baüyn de Perreuse, à Nogent-sur-Marne (Seine).

409 — Roses et œillets. (Peinture.)

**Porte** (Nellie), 13, rue Cassette, Paris (VI^e).

410 — Pivoines. (Aquarelle.)

**Poseler** (Paul), 90, rue du faubourg Saint-Martin, Paris. [P. M. H., Méd. d'arg. E. U. 1900. — V. rappel de 1^re Méd.]

411 — Plumeuse de volailles. (Eau-forte originale.)

**Prell** (Walter), 2, rue Crétet, Paris (IXᵉ). [V. Méd. d'arg.]

412 — Pommier en fleurs. (Peinture.)

**Prevot-Valéri** (Auguste), 6, rue Aumont-Thieville, Paris. [P. H. C. — V. M. H.]

413 — Chemin de Moulevon.
414 — Moutons au couchant. (Peintures.)

**Quentin** (François), 22, rue de la Chancellerie, Versailles. [V. M. H.]

415 — Le Port neuf (Diélette).
416 — Les Roches sauvages. (Diélette). (Aquarelles.)

**Quillivic** (René), 2, passage Dantzig.

417 — Douleur mentale. (Sculpture marbre.)
418 — La Grève de Plouhinec (Finistère). (Peinture.)

**Quinet** (Charles), 64, rue Vieille-du-Temple, Paris. [V. Méd. d'arg.]

419 — Au fond du bois. (Peinture.)

**Rabouille** (Mˡˡᵉ Emélie), 13, rue Valette, Paris (Vᵉ).

420 — Roses. (Aquarelle.)

**Ragot** (J.-B.-Frédéric), 22, rue Turgot, Paris.
[P. M. H.]

421 — Le Ruisseau.
422 — L'Heure trouble. (Peintures.)

**Raunier-Barigny** (Blanche), 18, Grande-
Rue, à Sèvres.

423 — Feuilles d'Automne. (Aquarelle.)
424 — Têtes historiques : Portrait de M. D... — Portrait de M$^{lle}$ Yoyo. (Miniatures.)

**Recamieri** (G.), 8, rue Montbauron, Versailles. [P. M. H.]

425 — Un Coin d'atelier.
426 — Etude de petite chienne. (Peintures.)

**Rémond** (Jean), 95, rue de Vaugirard, Paris.
[P. 3° Méd. — V. M. H.]

427 — Vue prise au bord de la Garonne, à Toulouse.
428 — Dernier Rayon. (Peintures.)

**Renard** (Flavie), 12, rue Troyon, à Sèvres
(Seine-et-Oise).

429 — Chez soi. (Peinture.)

**Renard-Brault** (Henry), 23, rue des Fontaines, à Sèvres. [P. M. H. — V. 1$^{re}$ Méd.]

430 — Chant du Foyer.
431 — Nuit de Bretagne. (Peintures.)

**Renaudin** (Alfred), rue Caulaincourt, 59, Paris. [P. 3ᵉ Méd.]

432 — Moulin à phosphate en Argonne. (Peinture.)
433 — Le vieux Caire en janvier. (Aquarelle.)

**Renault** (Gaston), 30, rue Richaud, Versailles. [P. M. H. — V. H. C. (Sʳᵉ.)

434 — Ferme à la Bourboule.
435 — El-Kantara (Algérie). (Peintures.)

**Reniau** (Henry), 72, boulevard Flandrin, Paris, et 50, rue de la Paroisse, Versailles. (Sʳᵉ.)

436 — Aux Ecoutes.
437 — Ours polaires. (Peintures.)

**Renoux** (Hippolyte), curé à Vaugrigneuse par Briis-sous-Forges. (Sʳᵉ.)

438 — Amoureux de Mars.
439 — Paysannes d'Auvergne. (Gouaches enluminées.)

**Rivière** (Charles), 24, boulevard Richard-Lenoir, Paris. [P. Méd. de bronze, E. U. 1900.]

440 — Vieille forge (Bretagne). (Peinture.)

**Roblin** (Mᵐᵉ Marie-Eulalie), 4, rue Treilhard, Paris (VIIIᵉ). [V. Méd. de bronze.]

441 — Une Précieuse. (Miniature sur ivoire).

**Rodin** (Auguste), 182, rue de l'Université, Paris, [P. II. C., C. ✳. — V. H. C.]

442 — Buste en bronze. (Sculpture.)

**Rogers** (Ellen), 16, rue du Commandant-La-reinty, Saint-Cloud.

443 — Etude glycine. (Aquarelle.)

**Rogie** (M^lle Lucie), 1, boulevard du Roi, Ver-sailles.

444 — Etude de vieille femme. (Peinture.)

**Roll** (Alfred-Philippe), 41, rue Alphonse-de-Neuville.

445 — L'allée herbue. (Peinture.)

**Rosier** (Henri), 20, rue Chauchat, Paris et à Ville-d'Avray, 9, chemin des Closeaux.

446 — Chaumière à Christo (Manche).
447 — Soir d'octobre. (Peintures.)

**Rosset-Granger** (Edouard), 45, avenue de Villiers, Paris. [P. II. C. — V. dip. d'honn.]

448 — Tête d'étude. (Peinture.)

**Rosot** (Henri), 9, rue Saint-Médéric, Versailles. [V. M. H.]

449 — Au pays d'Auray (Morbihan).
450 — Intérieur de ferme à Kernivilit (Morbihan). (Etude.) (Peintures.)

**Rossignoli** (Léonida), Venise.

451 — Traghetto à Venise.
452 — Soir à Venise. (Aquarelles.)

**Rostand** (Léon), 3, rue Hégésippe-Moreau.

453 — Le Pic de Bretogne. Provence.

**Rousseau** (M^lle Alice), 54, quai de la Rapée, Paris.

454 — Fleurs de Nice. (Aquarelle.)

**Roussel** (Raoul), 31, rue de la Paroisse, Versailles.

455 — Portrait de M. Belugou.
456 — Sous bois (étude). (Peintures.)

**Roussel** (René), 31, rue de la Paroisse, Versailles.

457 — Croquis (sanguines). (Dessin.)

**Roux** (George), 1 *bis*, rue Hardy, Versailles.
(S^re.)

458 — Les gorges de l'Hérault.
459 — Le cloître de Saint-Trophime, à Arles. (Peintures.)

**Royer** (Charles), Langres (Haute-Marne).

460 — Aux champs.
461 — Une blonde. (Peintures.)

**Ruff** (Henriette), Pavillon de l'Horloge. Entre-
pôt des vins, quai Saint-Bernard (V^e).

462 — Une vitrine contenant : 2 miniatures sur ivoire. —
Vision orientale (jeune fille). — Copie d'après
Flandrin.

**Saïn** (Paul), 66, rue Boursault, Paris (XVII^e).
[P. H. C., ✻].

463 — Solitude, environs d'Alençon (Orne).
464 — La route crayeuse, environs d'Avignon (Vaucluse).
(Peintures.)

**Saint-Germier** (Joseph), 85, boulevard Bineau, Neuilly sur-Seine. [Méd. Or E. U.,
1900, ✻, V. prix du Salon.]

465 — Paysage d'une confrérie (Venise). (Peinture.)

**Scapre-Pierret** (M^me Jeanne), 4, rue Royale, Versailles. [V. rap. Méd. de vermeil.] (S^re.)

466 — Portrait de M. A. Taphanel, Conservateur de la Bibliothèque de Versailles. (Peinture.)

**Schwartz** (M^lle Esther), 5, impasse des Gendarmes, Versailles [P., M. II., V., 1^re Méd.] (S^re.)

467 — Jeune flamand. (Pastel.)
468 — Pêchers en fleurs à Suresnes. (Paysage huile.)

**Scotte** (Henry), 20, rue de Béthune, Versailles.

469 — Hauts Plateaux du Jura. (Peinture.)

**Séailles** (M^lle Paule), 276, boulevard Raspail.

470 — Jeune fille à la fleur.
471 — Tête d'étude. (Peintures.)

**Sédillot** (A.), 4, rue Martel, Paris. [P. M. II.]

472 — Mélancolie. (Peinture.)

**Serendal de Belzim** (Louis), 31, avenue de Villiers, Paris. [V. rappel 2^e Méd. arg. (S^re.)

473 — Surprise.
474 — La bonne histoire. (Peintures.)

**Serrier** (George), 65, rue de Douai, Paris,
[P. 3e Méd. — V. Méd. d'arg.]

475 — La Seine à Bennecourt. (Peinture.)

**Serval** (Maurice), 1, boulevard Exelmans,
Paris (XVIe). [V. rappel de 2e Méd.] (Sre.)

476 — La vallée de la Seine à Issy.
477 — La Seine à Billancourt (neige). (Pastels.)

**Shonborn** (Lewis), chez M. P. Bocquentin, à
Laversine, par Creil (Oise).

478 — Bœufs au labour.
479 — Le repas du laboureur. (Peintures.)

**Sibertin-Blanc** (René), 4, rue Vital, Paris
(XVIe).

480 — Lecture à la tombée du jour. (Peinture.)
481 — Portrait (crayon). (Dessin.)

**Simonnet** (Mlle Jeanne), 3, rue des Rouillis
Sèvres (Seine-et-Oise). [V. M. H.]

482 — Coup de soleil après l'ondée. (Peinture.)

**Simonnet** (Lucien), 3, rue des Rouillis, Sèvres
(Seine-et-Oise). [P. Méd. bronze E. U. 1900.
prix Rosa-Bonheur 1905, H. C., — V. Dipl.
d'hon.] (Sre.)

483 — Les bords de la Bidassoa.
484 — Les prés de Benouville. (Peintures.)

**Son** (Johannès), 30, rue Fontaine, Paris (IXᵉ).

485 — L'Ain à Varambon (Ain). (Peinture.)
486 — Matinée à Rouen. (Pastel.)

**Sottas** (Solange), 59, avenue de la Bourdonnais. (Sᵗᵉ.)

487 — Nature morte. (Vieux matériel.)
488 — Intérieur. (Coin préféré.) (Peintures.)

**Starck-Junière** (Marguerite), 45, rue Satory, Versailles. (Sᵗᵉ.)

489 — Portrait. (Peinture.)

**Taconet** (Mᵉˡˡᵉ Jeanne), 4, rue de Mouchy, Versailles. [V. Méd. vermeil et rappel.] (Sᵗᵉ.)

490 — Sous bois à Barbizon.
491 — Sentier dans les vignes. (Peintures.)

**Tauzin** (Louis), 4, sentier des Pierres-Blanches, Bellevue (Seine-et-Oise). [P. 3 Méd.] — V. 1ʳᵉ Méd.] (Sᵗᵉ.)

492 — L'avenue de l'Observatoire à Bellevue.
493 — L'Etang de Trivaus. (Peintures.)

**Thibault** (Marcel), 111 *bis*, rue de Courcelles, Paris.

494 — Portrait de M. J. P.
495 — Dans la tranchée (Campagne 1870). (Peintures.)

**Thielemans** (Anna), 110, rue de Rennes, Paris.

496 — « Les Confitures ». (Peinture.)

**Thomas** (Aug.-Henri), 2, rue d'Arcueil (villa
      Corot), Paris (XIVᵉ).

497 — Dans l'herbe.
498 — La lecture. (Peintures.)

**Tillier** (Paul), 30, rue Guillaume-Tell, Paris.

499 — Lecture à deux.
500 — Foraine. (Peintures.)

**Timmermans** (Louis), 54, rue de Bourgogne,
      Paris. [P. M. H.] — V. D. Méd. d'or. (Sᵗᵉ.)

501 — Port de Dieppe (Derniers rayons).
502 — Concarneau-Finistère (Derniers rayons). (Pein-
      tures )

**Tournade** (Paul), 14, rue de Vergennes, à
      Versailles. (Sᵗᵉ.)

503 — Quatre vues des Alpes Dauphinoises.
504 — Vieille maison à Villeneuve-de-Marc (Isère).
      (Peintures.)

**Troublé** (Georges), 37, avenue du Roule,
      Neuilly-sur-Seine).

505 — Un coin du port de Cannes (Aquarelle.)

**Trouvé Pacheu** (M<sup>me</sup> Hélène), Cérans-Foulle-
tourte (Sarthe), et 16, rue Richaud, Versailles. (S<sup>re</sup>.)

506 — Buste de mon père. (Sculpture.)
507 — Préoccupation enfantine. (Buste plâtre patiné.)

**Tudor-Hart** (Pereyval), 44, rue Troyon, Sèvres (S.-et-O.), et 68, rue d'Assas, à Paris·
[V. Méd. d'arg.] (S<sup>re</sup>.)

508 — ‹ Après les Vêpres ›, souvenir de Fiesole (Italie).
509 — Bretonne écrémant du lait. (Peintures.)

**Turlin** (Henri), 57, avenue de Balzac, Ville-
d'Avray (S.-et-O.) [V. rappel de 2<sup>e</sup> Méd.]

510 — Eglise Notre-Dame de Versailles (Effet de neige)
(Eau-forte originale.)

**Valentino** (Amélie), 7, rue Daubigny, Paris
(XVII<sup>e</sup>). [P. 3<sup>e</sup> Méd E. U. 1900.]

511 — Jeune femme rousse se coiffant. (Pastel.)

**Valmalète** (Cécile de), 34, rue des Martyrs,
Paris.

512 — Effet de soleil et d'ombre dans les montagnes.
(Peinture.)

**Vernet** (Paul), 12 *bis*, rue des Glaises, Viroflay (Seine-et-Oise).

513 —. Chemin de la Marquette (Viroflay). (Peinture.)

**Vidal-Ponsin** (Mme Camille), 12, rue Albert-Joly, Versailles. [V. M. H.] (Sre.)

514 — Croquis. (Dessin avec deux crayons.)

**Vingal-Vignal** (Mme Berthe), 34, boulevard des Invalides. [V. 3e Méd.]

515 — Bon goûter.
516 — Fruits. (Pastels.)

**Virion** (Charles), Montigny-sur-Loing (Seine-et-Marne). [P. Méd. bronze Exp. Un. 1900. — V. Méd. d'arg.]

517 — Chatte, groupe grès. (Sculpture )

**Voisin** (Marguerite), 64, avenue de la République, Paris, [V. M. H.] (Sre.)

518 — Vitrine contenant 3 miniatures
519 — Un tableau fleurs. (Aquarelle.)

**Vuillamy** (Paul), 12, rue Deguerry, Paris.

520 — Panneau décoratif (branche de poires). (Peinture.)

**Waldmann** (Oscar), 80, avenue du Maine, Paris [P. Méd. d'arg. Exp. Un. 1900. — V. Méd. d'arg.]

521 — Tigresse, terre cuite.
522 — Mouflon, bronze. (Sculpture.)

**Weerts** (Jean-Joseph), 77, rue d'Amsterdam, Paris. [P. H. C. O. ✻. — V. Prix du Salon, Prix du Ministre, Dipl. d'hon.]

523 — Gypsie. (Peinture.)

**Yssum**, 57, avenue de Paris, Versailles. [V. Méd. d'arg.] (S^re.)

524 — Portrait de femme.
525 — Je pose pour grand'mère. (Peinture.)

VERSAILLES. — IMPRIMERIES CERF, 59, RUE DUPLESSIS.